MOSKAU

KREML. DER ROTE PLATZ. GANZ MOSKAU. DAS DREIEINIGKEITS-SERGIUS-KLOSTER

P-2 • 2004 • AMARANT

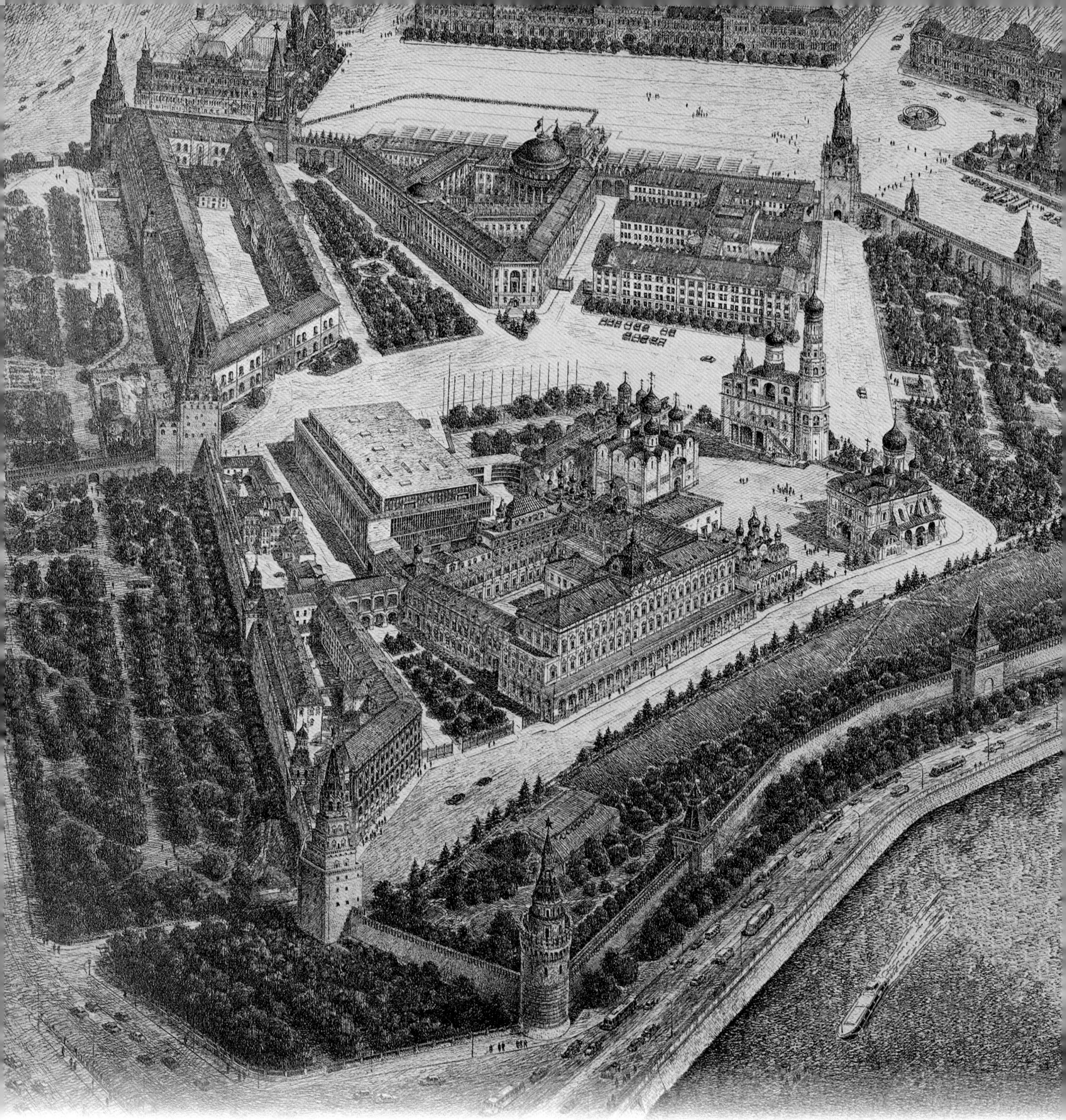

Verfasser des Textes T. Gejdor und I. Charitonowa
Künstlerische Gestaltung von N. Kutowoi. Aus dem Russischen übertragen von B. Orlowa
Fotos von A. Alexandrow, J. Artamonow, R. Beniaminson, W. Chmelewski, P. Demidow, J. und O. Grigorow, W. Kornjuschin, W. Melnikow, W. Mendelejew, W. Poljakow, N. Rachmanow, A. Sachartschenko, W. Sawik, A. Schabanow, W. Solomatin, E. Steinert, O. Trubski, A. Viktorow, W. Wdowin. Redakteur I. Lwowa. Farbkorrektur L. Kornilowa, S. Ludskij
An der Vorbereitung des Bildbandes haben teilgenommen A. Kudrawzew und A. Kusnezow

PRINTED AND BOUND IN RUSSIA

Kreml. Der Rote Platz

Moskau war im Laufe der Jahrhunderte der Herd von sorgfältig gepflegten Traditionen. Hier, in der alten Mariä-Entschlafens-Kathedrale, der Hauptkirche Rußlands, wurden alle russischen Selbstherrscher gekrönt. Hierher, nach Moskau, reisten feierlich Peter I. und Katharina II., um ihre militärischen Siege zu feiern. Gerade Moskau war es, das sich zum Opfer auf den Kriegsaltar brachte und 1812 das Ende der großen napoleonischen Armee vorherbestimmte.

Der Kreml ist das zentrale Ensemble Moskaus, das Herz Rußlands und das Symbol seiner Größe. Er liegt auf dem Hochufer des Moskwa-Flusses, an der Mündung des Neglinnaja-Flusses (1816–1820 wegen allstädtischer Sanierungsmaßnahmen und Rekonstruktion des Stadtzentrums in ein Rohr eingeschlossen). Dieses Territorium ist das älteste der Stadt. Bereits im 11.Jahrhundert befand sich hier das Slawjanski-Städtchen, das 1147 erstmalig in der Chronik erwähnt wird. Unter dem Fürsten Juri Dolgoruki wurde es 1156 von einem Graben und einem Wall umzogen. Seit Beginn des 14.Jahrhunderts wird Moskau zur Hauptstadt des Fürstentums und der Kreml zu einer für jene Zeit mächtige Weißsteinfestung. Gegen Ende des 15.Jahrhunderts, im Laufe der Umgestaltung des Fürstentums in den Moskauer Staat, wandelte sich auch die Bedeutung des Kremls, er wird umgebaut und erweitert. Ebenfalls in diese Zeit fällt die Herausbildung der künstlerisch-stilistischen Gestalt des Ensembles. Das eine Fläche von 27,5 Hektar einnehmende Territorium wird von neuen mächtigen Wehrbauten umgeben. Auf dem Kathedralen- und Iwanowskaja-Platz werden die ersten, bereits zu eng gewordenen Weißsteinkirchen von majestätischen Kathedralen abgelöst, und vom Rande des Borowizki-Hügels zum westlichen Teil der Kremlmauer hin breiteten sich Fürsten- und Bojarenhäuser aus. Diese intensive Bauperiode war mit den Namen italienischer Baumeister verbunden, die auf spezielle Einladung des Zaren Iwans III. in die Rus kamen. Dazu gehören Aristotele Fioravanti, Alevisio di Carcano, Marco Ruffo, Pietro Solari, Antonio Gilardi. Die italienischen Meister verstanden es, tief nationale russische Kirchen zu schaffen, die im Laufe der nächsten zwei Jahrhunderte beispielgebend im russischen Kirchenbau waren.

Die weitere Entwicklung des Kremls als ideologischen, politischen und kulturellen Zentrums ist mit dem Wachstum und der territorialen Ausbreitung der Hauptstadt verbunden. Die rege Bautätigkeit im 17. Jahrhundert verwandelte den Kreml und gab ihm den für uns heute gewohnten Anblick. Es entstanden der Terem-Palast mit den Hauskirchen, das Lustschloß, in dem erstmalig für die Rus Theatervorstellungen gegeben wurden, der Patriarchen-Palast mit der Zwölf-Apostel-Kirche, und die Türme bekamen vielstufige Zeltdächer.
Im 18. und 19. Jahrhundert werden umfangreiche Rekonstruktionsarbeiten durchgeführt und der neue Bau von Schloßkomplexen und Gebäuden für staatliche Einrichtungen in Angriff genommen. Daran beteiligten sich die besten russischen Architekten, wie Bartolomeo Francesco Rastrelli, Nikolai Lwow, Wassili Bashenow, Matwej Kasakow, Konstantin Thon, Carlo Rossi. Errichtet wurden das Arsenal,der Senat der Große Kreml-Palast, die Rüstkammer.
In der sowjetischen Zeit sind die Gebäude des Tschudow- und des Wossnesenski-Klosters sowie eine Reihe von Kirchen abgetragen worden, und neben dem Patriarchen-Palast entstand 1959–1961 der Kongreß-Palast.

Die Wehrbauten des Moskauer Kremls gehören zu den besten Beispielen der Fortifikationskunst des europäischen Mittelalters. Errichtet wurden sie 1485–1495 von den italienischen Architekten und Ingenieuren Marco Ruffo, Antonio Gilardi, Pietro Solari, Aloiso Antonio Solari. Das unregelmäßige Dreieck des riesigen Kremlterritoriums, gelegen auf dem hohen Borowizki-Hügel am Zusammenfluß zweier Schiffsflüsse, des Moskwa- und des Neglinnaja-Flusses, bedingte die Festungskonfiguration. Die Gesamtlänge der Kremlmauer beträgt 2235 Meter mit dazwischen gesetzten achtzehn Wehrtürmen, an der Dreieinigkeits-Brücke über dem Neglinnaja-Fluß steht der Kutafja-Uferturm. Die aus zweigriffigem, gut gebranntem und 8 kg schwerem Ziegelstein gelegten Mauern erreichen, in Abhängigkeit

Blick auf den Roten Platz vom Erlöser-Turm

Blick auf die Kremltürme und Kremlmauern

von der Änderung des Geländereliefs, eine Höhe von 5 bis 19 Metern bei einer Dicke von 3,5 bis 6,5 Metern bis zu den Zinnen. Die vielstufigen Türme, die anfänglich für die europäischen Festungen traditionelle Abschlüsse mit flachen Plattformen für den oberen Kampf hatten, erhielten im 17.Jahrhundert Aufstockungen in Form von hohen Zeltdächern. Ihre Höhe erreichte 28 bis 71 Meter. Die höchsten von ihnen sind der Erlöser- und der Dreieinigkeits-Turm.

Geheim-Turm. 1485.
Architekt Antonio Frjasin u.a.

Konstantin-Helena-Turm, Alarm-Turm und Erlöser-Turm. 1490er Jahre.
Architekt Pietro Solari. Zeltdächer 17.Jh.

Dreieinigkeits-Turm. 1495
Kutafja-Turm. 1516. Architekt Alovisio Frjasin

Erlöser-Turm. 1491, Architekt Pietro Solari; 1624–1625, Architekt Bashen Ogurzow, Uhrmachermeister Christopher Halloway

DIE MARIÄ-ENTSCHLAFENS-KATHEDRALE

Die Mariä-Entschlafens-Kathedrale, die Hauptkirche des Staates, ist 1475–1479 auf der Stelle der ersten Weißsteinkathedrale errichtet worden. Sie entstand auf Erlaß Iwans III. Obwohl ihr Erbauer der italienische Architekt und Ingenieur Aristotele Fioravanti war, so ist jedoch die kompositorisch-künstlerische Gestaltung der Kathedrale streng im Rahmen des rechtgläubigen Kanons gehalten. Im Altarteil sind Fragmente der ursprünglichen Wandmalerei erhalten geblieben, die 1481 von einem Malerartel unter Leitung des bekannten russischen Ikonenmalers Dionissi geschaffen wurden. Die ganze übrige Wandmalerei gehört in das 17. Jahrhundert. Angefertigt wurde sie von Malern aus verschiedenen russischen Städten. Die Arbeiten dieses großen Artels leiteten die Zaren-Ikonenmaler Iwan und Boris Paissejin. Längs der südlichen, nördlichen und westlichen Mauer stehen die Gräber der Metropoliten und Patriarchen. Die Bestattung der Häupter der

Mariä-Entschlafens-Kathedrale. 1475–1479. Architekt Aristotele Fioravanti

Mariä-Entschlafens-Kathedrale. Interieur

Ikone *Erlöser mit dem grimmigen Auge.* 1340er Jahre. Aus dem Lokalrang der Ikonostasis der Mariä-Entschlafens-Kathedrale

Fresko auf der Altarschranke der Mariä-Entschlafens-Kathedrale. 1481

russischen rechtgläubigen Kirche verlief in der russischen Hauptkathedrale bis 1721, als Peter I. das Patriarchat aufhob und die synodale Verwaltung einführte. Im nördlichen Altarteil der Kathedrale befindet sich der Pjotr-Nebenaltar, in dem der erste Moskauer Metropolit Pjotr bestattet ist. Er war der Gründer des Metropoliten-Katheders in der neuen russischen Hauptstadt und ließ 1326 die erste weißsteinerne Mariä-Entschlafens-Kathedrale bauen. In der Kathedrale wird eine Ikone aufbewahrt, die diesen obersten Erzbischof Moskaus mit Vita zeigt. Auf einem der Randbilder ist die Szene des Kathedralenbaus zu sehen. In der Mariä-Entschlafens-Kathedrale verliefen wichtigste Staatszeremonien: Erhebung zum Metropoliten und Patriarchen, Krönungen, später die Krönungen der russischen Kaiser, Verlesen von Staatserlassen. Im Laufe ihres Bestehens wurde die Kathedrale zum Sammelort der besten Werke der altrussischen Kunst, an erster Stelle

der Ikonenmalerei des 12. bis 17. Jahrhunderts. Die von Großfürsten, Zaren, Metropoliten und Patriarchen zusammengetragenen wertvollsten Manuskripte und Gegenstände der angewandten Kunst aus Gold, Silber und Edelsteinen, die die besten Juweliere, Steinschneider, Gießer und Vergolder geschaffen haben, bildeten die Hauptschatzkammer des Staates. Nach der Schließung der Kathedrale im Jahre 1919 ging ein großer Teil der Sammlung in die Rüstkammer über, eine Reihe von Ikonen gelangte in die Tretjakow-Galerie.

Dionissi (?). Ikone *Metropolit Pjotr mit Vita.* Ende 15. bis Anfang 16. Jh.

Betstuhl Iwans des Schrecklichen. 1551

Mariä-Verkündigungs-Kathedrale. 1485–1489; 1562–1564

Andrej Rubljow.
Ikone *Verklärung Christi*. 1405.
Aus dem Festrang der Ikonostasis der Mariä-Verkündigungs-Kathedrale

DIE MARIÄ-VERKÜNDIGUNGS-KATHEDRALE

Die 1485–1489 erbaute Kathedrale war die Hauskirche der Moskauer Großfürsten und Zaren. Sie gehört zum Komplex der Fürstenpaläste und der Schloßbauten und steht auf dem Kellergeschoß einer alten Kirche aus dem 14. Jahrhundert. Hier verliefen die Tauf- und Trauungszeremonien der Mitglieder der Zarenfamilie, die sich hier auch täglich zum Gebet versammelte. Im reich geschmückten Kircheninterieur ist eine vergoldete Rangikonostasis zu sehen, die aus Ikonen zusammengesetzt ist, die die berühmten russischen Meister Andrej Rubljow und Feofan Grek an der Wende vom 14. zum 15. Jahrhundert gemalt haben. Erhalten geblieben ist die Wandmalerei, geschaffen 1508 von einem Zaren-Malerartel unter der Leitung von Feodossi, dem Sohn des berühmten Dionissi. Nach dem Brand von 1547 haben Pskower und Nowgoroder Meister die in Mitleidenschaft gezogenen Wandmalereien neu übermalt.Die leuchtende und gesättigte Farbgebung der Malerei entsprach den prächtigen Zarengemächern, die mit der Kathedrale durch einen speziellen Übergang verbunden waren.

Mariä-Verkündigungs-Kathedrale. Blick auf die Ikonostasis

◀ *Die Kuppeln der Terem-Kirchen. 1684. Architekt Ossip Starzew*

Mariä-Gewandniederlegungs-Kirche. 1484–1486

Erzengel-Kathedrale. 1505–1508. Architekt Alovisio Novo

DIE MARIÄ-GEWANDNIEDERLEGUNGS-KIRCHE

Am Westportal der Mariä-Entschlafens-Kathedrale ist die Hauskirche der russischen Metropoliten und Patriarchen gelegen. Sie ist 1484–1486 von Pskower Baumeistern in den Traditionen der frühen Moskauer Architektur errichtet worden. Die Umbauten im 16. bis 18. Jahrhundert brachten eine Reihe von Wandlungen in ihren ursprünglichen Anblick. Wiederholte Restaurierungen in den 1930er bis 1960er Jahren gaben dem Baudenkmal sein einstiges Aussehen zurück.

Die im Kircheninterieur erhalten gebliebenen Wandmalereien sind Arbeiten der Zaren-Maler Iwan Borissow, Sidor Pospejew und Semjon Awraamow (1643–1644). Die Ikonen, die auf eine frühere Zeit zurückgehen, sind 1627 von dem Patriarchen-Ikonenmaler Nasari Istomin geschaffen worden. Nach dem Bau der Zwölf-Apostel-Kirche in der Mitte des 17.Jahrhunderts, der neuen Hauskirche der Patriarchen, ging die Mariä-Gewandniederlegungs-Kirche zum Bestand des Zarenschloßkomplexes über. In der Kirche wird eine Sammlung an russischer Holzschnitzerei aus dem 16. bis 18.Jahrhundert aufbewahrt.

DIE ERZENGEL-KATHEDRALE

Die Kathedrale ist die Grablege der Moskauer Großfürsten und Zaren. Erbaut wurde sie an der Stelle einer alten, Anfang des 14.Jahrhunderts errichteten Kirche, die dem Erzengel Michail, dem himmlischen Schützer der Moskauer Großfürsten in ihren Schlachten geweiht war. Die Erzengel-Kathedrale, erbaut 1505–1508 von dem venezianischen Architekten Alovisio Novo, ist von den besten Meistern aus Moskau, Jaroslawl und Kostroma ausgemalt worden: Jakow Kasanjez, S. Resanez, Simon Uschakow, Iossif Wladimirow, Guri Nikitin, Fjodor Subow u.a. In der Kathedrale sind alle großfürstlichen und Zarenbestattungen bis zur vorpetrinischen Epoche erhalten geblieben.

Ikone *Erzengel Michail.* Erstes Drittel 15.Jh.
Aus dem Lokalrang der Ikonostasis der Erzengel-Kathedrale

Erzengel-Kathedrale. Blick auf die Ikonostasis

Patriarchen-Palast und Zwölf-Apostel-Kirche. 1642–1655.
Architekten Dawyd Ochlebinin, Antip Konstantinow und A.Makejew

In den Jahren 1505 bis 1508 ist an der Stelle der ursprünglichen Kirche des Johannes Klimakos ein Glockenturm von 60 Meter Höhe errichtet worden, der den Namen dieses Heiligen trägt. Im Jahre 1600 wurde der Glockenturm aufgestockt und erreichte nun eine Höhe von 81 Meter. 1532–1543 wird an seiner Nordseite das Glockenhaus mit der Christi-Auferstehungs-Kirche angebaut.

Nahe der Nordfassade der Mariä-Entschlafens-Kathedrale steht das Bauensemble des Patriarchen-Hofes, der mit dem Namen des Patriarchen Nikon verbunden ist, auf dessen Geheiß in der Mitte der 1650er Jahre umfangreiche Arbeiten vorgenommen wurden. Der Patriarchen-Hof stand in seinen Dimensionen und seiner Pracht dem Schloßkomplex des Zaren Alexej Michailowitsch keineswegs nach. Über dem Tor, das als Einfahrt in den Patriarchen-Hof diente, erhob sich die neue Zwölf-Apostel-Hauskirche.

Der Facetten-Palast ist der älteste Profanbau Moskaus. Er gehörte zum Bestand des umfangreichen großfürstlichen Schloßkomplexes und war für feierliche Empfänge bestimmt. Erbaut wurde er auf Geheiß Iwans III. Seinen Namen erhielt der Palast nach seiner facettierten Ostfassade. Die in den 1930er Jahren abgetragene »Schöne Vortreppe« ist 1994 wiederhergestellt worden. Sie spielte eine wichtige Rolle bei zeremonialen Vorgängen, denn sie diente als Paradeeingang in den Thronsaal des Schlosses.Die ursprüngliche Wandmalerei des Facetten-Palastes ist nicht erhalten geblieben. Die heute zu sehende ist 1883 in der Technik der Ölmalerei (nach der Beschreibung des bekannten Ikonenmalers Simon Uschakow) von den Brüdern Beloussow aus dem Dorf Palech ausgeführt worden.

Ensemble der Kreml-Glockentürme. 1505–1508, Architekt Bon Frjasin;
1532–1543, Architekt Petrok Maly; 1600, 1624, Architekt Bashen Ogurzow

Kathedralen-Platz. Facetten-Palast. 1487–1591. Architekten Marco Ruffo und Pietro Solari

Facetten-Palast. Interieur ▶

Der Große Kreml-Palast. 1838–1850. Architekt Konstantin Thon

DER GROSSE KREML-PALAST

Das majestätische Gebäude des Großen Kreml-Palastes, das sich am Rande des Borowizki-Hügels erstreckt, ist 1838–1850 vom Architekten Konstantin Thon auf der Stelle eines alten Komplexes von Schloßbauten errichtet worden. Das in Form eines riesigen Vierecks erbaute Schloß hat 700 Räume mit einer Fläche von 20 000 qm.

Am Bau und der Projektierung des Schlosses beteiligten sich Moskauer Architekten, die für die Überarbeitung von Kunsttraditionen der mittelalterlichen russischen Baukunst bekannt waren.

Im zweiten Geschoß des Schlosses liegen die Diensträume und die »Höchsteigene Hälfte«, die persönlichen Gemächer der Kaiserfamilie. Alle Innenräume sind prächtig ausgestaltet. Im dritten Geschoß sind die Paradesäle untergebracht, die den höchsten russischen Orden gewidmet sind.

Der Große Kreml-Palast. Prunksalon

Die Kuppeln der Kreml-Kathedralen

Terem-Palast. Goldene Vortreppe. Detail

Terem-Palast. Eines der Zimmer aus dem 17. Jh.
Wandmalerei von T.Kisseljow nach den Zeichnungen von Fjodor Solnzew. 1836–1838

Terem-Palast. 1635–1636. Architekten Antip Konstantinow, Bashen Ogurzow, Trefil Scharutin und Larion Uschakow

DER TEREM-PALAST

Dieser prunkvolle Zarenpalast, der Teil eines alten Schloßensembles war, gehört heute zum Komplex des Großen Kreml-Palastes. In den Jahren 1635–1636 wurde er auf einem zweigeschossigen Unterbau aus dem Jahre 1494 errichtet. Im Untergeschoß des Schlossen befanden sich die Wirtschaftsräume und Küchen, im zweiten Geschoß Werkstätten, wo Gegenstände der Paradekleidung angefertigt wurden, im dritten Geschoß Arbeitsräume, hier war auch die Leibwache des Zaren untergebracht. Die Zarengemächer nahmen das ganze vierte Geschoß des Schlosses ein. Darüber lag ein weiträumiger Gewölbesaal (Teremok), wo die Zarewitsche, darunter auch Pjotr Alexejewitsch (der künftige Peter I.) erzogen wurden. Die Wandmalerei besorgten die Maler von Alexej Michailowitsch unter Leitung des Ikonenmalers Simon Uschakow, der ein Neuerer auf diesem Gebiet war. Die ursprüngliche Ausstattung ist leider nicht erhalten geblieben.

Rüstkammer. 1844–1851. Architekt Konstantin Thon

Kaiserliche Regalien. Symbole der Staatsmach

Säbel in der Scheide. 1829.
Meister Iwan Buschujew

DIE RÜSTKAMMER

Die Rüstkammer ist das älteste Museum Rußlands. Ihre Sammlung begann sich vermutlich im 14. bis 15.Jahrhundert auf Geheiß der Moskauer Großfürsten herauszubilden, noch lange vor der Gründung der Rüstkammer. 1485 wurde im Kreml eine spezielle Aufbewahrungsstätte gebaut, die den Namen Schatzkammerhof trug. Erstmalig wird die Rüstkammer zum Jahre 1547 in der Chronik erwähnt. Ursprünglich war sie Anfertigkeitszentrum für Prunk- und Kampfwaffen. Außer den Waffenmeistern arbeiteten hier Ziseleure, Graveure, Beinschnitzer, Meister der Filigrankunst und Vergolder. Im 18. Jahrhundert stellten die Werkstätten ihre Arbeit ein, und Anfang des 19.Jahrhunderts bekam die Rüstkammer den Status eines Hofmuseums. Die Rüstkammer ist eine reichste Sammlung der russischen und ausländischen angewandten Kunst des 4. bis Anfang des 20.Jahrhunderts. Zu ihren wertvollsten Reliquien gehört die berühmte Monomach-Mütze, die Krone der russischen Zaren. Der Legende nach soll diese Mütze der byzantinische Kaiser Konstantin Monomach dem russischen Großfürsten unter anderen Zarenregalien geschenkt haben. Seit 1547 wurden die Zaren mit dieser Mütze gekrönt.

Schätze aus der Rüstkamme
und dem Diamantenfonds Rußlands ▶

Ein unausbleiblicher Teil des Kremlensembles in allen historischen Etappen war der Platz, der Leerer- oder Brandplatz hieß. Hier bildete sich der Zentralmarkt Moskaus, der Handelsmarkt. Im 17. Jahrhundert erhielt der Platz den Namen Roter Platz, das slawische Wort *krasnoje* (rot) hat hier den Sinn von »schön«. Er war stets die Arena von wichtigen Ereignissen in der russischen Geschichte. Hier verlief die berühmte Beichte Iwans des Schrecklichen und hier folterte und quälte er später seine Opfer. Über den Roten Platz zogen volkreiche Prozessionen: ausländische Botschaften, Festzüge, Ausfahrten. Auf dem Platz versammelten sich

Zar-Kanone. 1586. Meister Andrej Tschochow

Zar-Glocke. 1733–1735. Gegossen von Iwan und Michail Motorin

Blick auf den Roten Platz und die Wassili-Blashenny-Kathedrale

Minin-und-Posharski-Denkmal. 1804–1818. Bildhauer Iwan Martos

Menschenmengen, um die Zarenerlasse zu hören, die vom *Lobnoje Mesto* (Stirn-Stelle), einem runden und mit Stein verkleidetem erhöhtem Podium verlesen wurden. Hier fanden auch Volksgebete und Hinrichtungen statt. Im Jahre 1612, während der Befreiung Moskaus von den Polen, hielt das Heer von Minin und Posharski seinen Einzug über den Roten Platz, anläßlich dieses Ereignisses wurde 1818 hier ein Denkmal aufgestellt. Im Jahre 1812 hielt Napoleon auf diesem Platz die Heerschau seiner Truppen ab.

In unseren Tagen wurde der Rote Platz zum einzigen historischen Platz Moskaus, der frei von der Verkehrsflut ist.

Blick auf die Wassili-Blashenny-Kathedrale vom Wassiljewskij-Abhang

DIE WASSILI-BLASHENNY-KATHEDRALE

Die Kathedrale ist eine Filiale des Staatlichen Historischen Museums. Sie ist 1555–1561 auf Geheiß des Zaren Iwans des Schrecklichen und mit dem Segen des Metropoliten Makarius errichtet worden. Die Kathedrale verewigte den Sieg des russischen Heeres über das Kasaner Chanat, der die Vereinigung der russischen Lande um Moskau abschloß. Die Idee zu diesem Kirchendenkmal bestimmte auch seine ungewöhnlichen künstlerisch-stilistischen Formen. Es besteht aus neun Kirchen, die auf einem hohen Untergeschoß-Sockel ruhen. Acht dieser Kirchen gruppieren sich um die höchste (47,5 Meter) Kirche, die mit einem Zeltdach bekrönte Mariä-Schutz-Kirche. Die ursprüngliche Farbgebung des Bauwerks war anfänglich strenger gehalten, die polychrome Farbe der Kuppeln erschien im 17. bis 18. Jahrhundert. 1588 wurde an der nordöstlichen Ecke der Kirche der im Volk verehrte »Narr in Christo« Wassili, mit dem Beinamen *Blashenny*, beigesetzt. Über dem Grab Wassilis errichtete man eine Kirche, die seinen Namen trägt. Seither nannte man im Volk die ganze Kathedrale Wassili-Blashenny-Kathedrale.

Mariä-Schutz-Kathedrale »am Graben« (Wassili-Blashenny-Kathedrale). 1555–1561. Baumeister Barma und Postnik

Ganz Moskau

Die Entstehung Moskaus verliert sich in den Tiefen der Geschichte. Der Legende nach, soll der Fürst Oleg Ende des 9.Jahrhunderts am Smorodinka-Fluß (heute Moskwa-Fluß) ein kleines Städtchen gegründet haben. Die bei Ausgrabungen gefundenen häuslichen Gegenstände, die sich auf das 9.Jahrhundert beziehen, bestätigen das. Vermutlich

existierte die Siedlung an der Stelle Moskaus vor 1147. Nach der Überlieferung sollten die Dörfer auf dem Territorium Moskaus dem Bojaren Kutschka gehört haben, den Fürst Juri hinrichten ließ und auf dessen Besitztum die kleine Stadt gründete. Zum Zentrum der Siedlung wurde das Waldstück Bor oder Borowitschi (heute Kreml), um das sich die Vorstädte lagerten. Zum 15.Jahrhundert hin teilte sich Moskau bereits in den Kreml, den *Possad* (Ansiedlung), die Stadtteile Sagorod und Saretsche und galt als Hauptstadt der russischen Zaren und erste Handelsstadt Rußlands.

DER MANEGE- UND DER THEATER-PLATZ

Nach dem Siege im Vaterländischen Krieg von 1812 trat eine Zeitperiode ein, die von einem ungewöhnlich schnellen Wiederaufbau Moskaus gekennzeichnet war. Der neue Plan der alten Hauptstadt wurde 1817 geschaffen. Mit diesem beschäftigte sich eine speziell eingerichtete Baukommission, in der Ossip Beauvais eine aktive Rolle gespielt hat. Aufgrund des Planes von 1817 entstand in Moskau eine ganze Reihe von bedeutenden Ensembles. Ein wohlgestalteter Bezirk erstreckte sich vor dem Kreml. Das Ende des 18.Jahrhunderts als Ergebnis der Rekonstruktion des Neglinnaja-Flußbetts verwirklichte System von Bassins und Kanälen wurde zugeschüttet. Wie bereits erwähnt verschwand der in ein Rohr eingedämmte Fluß unter der Erde. Beauvais legte 1821 bis 1823 den Alexandergarten an, in dem bald darauf die Grotte und ein Tor gebaut wurden.

Gleichzeitig damit verliefen die Bauarbeiten am Manege-Platz. Im Jahre 1817 wurde nach dem Entwurf von Beauvais und dem spanischen Ingenieur Béthancourt das große Manegegebäude errichtet. Seine Erbauer strebten mit allen Mitteln danach, seinem baukünstlerischen Anblick höchste Einfachheit und Monumentalität zu verleihen. Die mächtige dorische Kolonnade und der von Skulpturdekor freie, groß-

flächige Fronton dominieren über dem Platz. Das Besondere an der Manege ist die glänzende ingenieurtechnische Lösung der hölzernen Konstruktion der Hängedecke, die eine Flucht von fast 45 Metern überdeckt. Die Manege war für die Durchführung von militärischen Besichtigungen, Paraden und Militärübungen bestimmt. Hier konnte ein ganzes Infanterie-Regiment frei manövrieren, d.h. etwa zweitausend Soldaten. Heute finden hier größte Moskauer, allrussische und internationale Ausstellungen statt. Die Ausstellungsfläche der Manege beträgt 6500 qm.

In den Jahren 1817–1819 hat Domenico Gilardi, einer der bekannten russischen Architekten der klassizistischen Epoche, das auf dem Manege-Platz stehende Gebäude der Moskauer Universität wiedererrichtet. Diese war während des Napoleonkrieges in Mitleidenschaft gezogen worden.

Auf dem Manege-Platz befinden sich ebenfalls die größten Hotels der Hauptstadt – die Hotels »National« und »Moskau«.

Der Halbring der öffentlichen Bauten ergriff im Einklang mit dem neuen Plan auch die Kitai-Stadt. Direkt vom Moskwa-Fluß stieg eine Kette von kleinen Plätzen an. Dieses System vereinte sich mit der

Kreml-Esplanade über den Theater-Platz. Seiner Ausarbeitung wurde eine wesentliche Bedeutung beigemessen.

Der Theater-Platz sollte dem Plan nach ein Viereck mit einer abgeschrägten Seite an der Kitai-Mauer sein. Zum Ausgleich seiner Seiten bekam er am Fuß eine dreieckige Gartenanlage. Demgegenüber, auf der Mittelachse des Platzes, stand das Gebäude des Petrowskij-(Bolschoi-)Theaters mit einem monumentalen, achtsäuligen Portikus, der die Hauptachse des ganzen Ensembles kennzeichnete.

*Hotel »National«. 1903.
Architekt Alexander Iwanow*

*Fassadendetail
des Hotels »National«*

*Hotel »Moskau«. 1933–1935,
Architekten Alexej Stschussew,
Leonid Saweljew, Oswald Stapran;
1968–1977, Architekten Alexander
Borezki, Dmitri Solopow
und Igor Roshin*

*Springbrunnen auf dem Manege-Platz. 1990er Jahre. Bildhauer
Surab Zereteli*

Zuschauersaal im Bolschoi-Theater

Das Bolschoi-Theater. 1821–1824, Architekten Ossip Beauvais und Alexander Michailow; 1855–1856, Architekt Albert Cavos

DAS BOLSCHOI-THEATER

Das Theater ist 1821–1824 nach dem Entwurf von Alexander Michailow erbaut und von Ossip Beauvais überarbeitet worden. Das Gebäude des Bolschoi-Theaters hat Albert Cavos nach dem Brand von 1853 wiederhergestellt.

Das Bolschoi-Theater ist ein hervorragendes Beispiel der russischen Baukunst aus der Mitte des 19. Jahrhunderts und einer der größten Theaterbauten Europas. Heute ist es das führende Musiktheater des Landes. Auf seiner Bühne werden Opern von Glinka, Dargomyshski, Rimski-Korsakow, Opern und Balletts von Tschaikowski aufgeführt. Ein ganzes Gestirn glänzender Sänger, Tänzer, Dirigenten und Künstler brachte ihm Ruhm. F.Schaljapin, L.Sobinow, A.Neshdanowa, J.Gelzer, S. Rachmaninow, K. Korowin sind nicht nur der Stolz der russischen, sondern auch der Weltkunst. Die Geschichte des Bolschoi-Theaters ist verbunden mit den Namen I. Koslowski, S. Lemeschew, N. Obuchowa, M. Maksakowa, den Ballettsolisten M. Semjonowa, G. Ulanowa, A.Messerer, O. Lepeschinskaja. Zu den großen Theaterinszenierungen gehören die Opern »Boris Godunow«, »Chowanstschina«, »Sadko«, »Krieg und Frieden«, »Othello«, »Aida«, »Don Carlos«, »Schwanensee«, »Der Nußknacker«, »Romeo und Julia«, »Spartak« und viele andere.

Auf dem Theater-Platz befindet sich das Hotelgebäude »Metropol«, erbaut Anfang des 20.Jahrhunderts im Jugendstil. Seine plastisch nicht akzentuierten Fassaden zeigen nichtsdestoweniger Expressivität. Über dem roten Granit des Sockelgeschosses erheben sich die glatten Mauern der Obergeschosse, die von einem Stuckfries und einem großen, von Michail Wrubel geschaffenen Keramikpanneau *Träumende Prinzessin* abgeschlossen werden.

Hotel »Metropol«. 1899–1903. Architekt William Wallcott ▶

Staatliches Puschkin-Museum der bildenden Künste. 1898–1912. Architekt Roman Klein, Bildhauer Hugo Saleman

DAS STAATLICHE PUSCHKIN-MUSEUM DER BILDENDEN KÜNSTE

Das weltbekannte Museum der bildenden Künste ist, was die Bedeutung und den Umfang seiner Sammlungen anbetrifft, das zweite Museum Rußlands nach der Ermitage in Sankt Petersburg. Es ist eines der Hauptzentren für die Erforschung der westeuropäischen Kunst in Rußland. Die Idee der Gründung eines Museums beim Kabinett der schönen Künste und Altertümer der Moskauer Universität, dessen Sammlung alle Etappen der Kunstgeschichte im Weltmaßstab vorstellen und vor allem die Rolle einer Bildungseinrichtung übernehmen könnte, kam Mitte des 19.Jahrhunderts in den Kreisen der russischen Öffentlichkeit auf. Die Formulierung dieser Aufgaben, die Ausarbeitung eines Programms und die Organisierung aller Entwurfs- und Bauarbeiten übernahm der Professor der Moskauer Universität, Doktor der Philologie und Kunstgeschichte Iwan Zwetajew, der in der Folgezeit der erste Direktor des Museums wurde.

Die finanziellen Mittel für den Bau des Museums stellten die größten Moskauer Mäzene – Aristokraten, Industrielle, Kaufleute – zur Verfügung. Viele von ihnen waren Mitglieder des Gründungskomitees, dem der Vertreter der kaiserlichen Familie, der Großfürst Sergej Alexandrowitsch, vorstand. Unter den Stiftern waren A.Armand, N. Bogolepow, S. Mamontow, A. Mejn, S. Morosow, A. und N. Stscherbatow, D. Chomjakow, S. und F. Jussupow. Einen besonders großen Beitrag leistete der Großindustrielle und ehemalige Student der Moskauer Universität J. Netschajew-Malzew.

Für den Bau des Museums übergab die Moskauer Duma 1896 im Zentrum der Stadt einen Terrain zur kostenlosen Benutzung. Zu dieser Zeit wurde auch ein Wettbewerb ausgeschrieben. Die Goldmedaille erhielt der Entwurf des Moskauer Architekten Roman Klein. Der Bau währte von 1898 bis 1912.

Paradetreppe des Museums

Das Museum hat das Aussehen eines griechischen Tempels auf einem hohen Podium mit ionischer Kolonnade an der Hauptfassade. Die Säle im zweiten Geschoss haben Glasdecken. Bei der Schaffung des Moskauer Museums wurde die Erfahrung der Dresdener und Berliner Museen genutzt.

Das Moskauer Alexander-III.-Museum der bildenden Künste an der Moskauer Universität ist am 31.Mai 1912 eröffnet worden. Ein großer Teil der Ausstellungsstücke – Gipsabgüsse, Mosaikkopien, Wandmalerei, Metallabgüsse – wurden in den ausländischen Werkstätten unmittelbar nach dem Original ausgeführt. Sehr wertvoll war die unikale Sammlung an Gegenständen der altägyptischen Kultur vorgestellt, die aus 6000 Exponaten bestand, die der bekannte Ägyptologe Wladimir Golenistschew zusammengetragen hatte. Eine andere Sammlung, die 1910 als eine der ersten in den Bestand des Museums gelangte, umfaßte etwa 90 Werke der italienischen Kunst des 13. bis 15. Jahrhunderts. Im Jahre 1923 wurde das Museum aus der Obhut der Universität herausgeführt. In den 1920er bis 1930er Jahren erweiterte sich die Sammlung bedeutend durch die Einverleibung nationalisierter privater Kunstsamlungen, auf Kosten der Reorganisierung des Moskauer Öffentlichen- und des Rumjanzew-Museums, der Depots aus der vor Moskau gelegenen Adelslandsitze, des Ostrouchow-Museums für Ikonenmalerei und Malerei. In den 1940er Jahren vervollständigte sich der Fonds des neuen Museums durch die unikalen Exponate des aufgelösten Museums der neuen

Italienisches Höfchen, einer der Ausstellungssäle

299.

Giovanni Antonio Boltraffio. Der heilige Sebastian

◄ *Lucas Cranach. Madonna mit dem Kinde*

Paul Gauguin. Die Königin (Frau des Königs). 1896

Pierre Auguste Renoir. Mädchen in Schwarz. Anfang 1880er Jahre

westlichen Kunst, das auf der Grundlage der Sammlungen von Sergej Stschukin und Iwan Morosow geschaffen worden war. Diese beiden größten Moskauer Kollektionäre, die an der Wende vom 19. zum 20.Jahrhundert Privatmuseen eingerichtet hatten, besaßen dank ihres Enthusiasmus, dank der tiefen Kenntnis ihres Lieblingsobjekts und ihres glänzenden Kunstgeschmacks die Gabe, weit in die Zukunft zu schauen. Der Eingang dieser Kollektionen in den Museumsbestand wie auch der Gemälde der alten Meister aus der Ermitage erhöhten bedeutend den Status des Museums der bildenden Künste unter den besten Museen der Welt. Heute umfaßt die Museumssammlung mehr als eine Million originaler Malerei und Graphik und weitaus mehr Werke an Bildhauerei, Gegenständen der materiellen Kultur, der angewandten Kunst von Völkern verschiedener Länder aus ältesten Zeiten bis in unsere Tage.

Kirche Johannes' des Kriegers auf der Jakimanka. 1709–1713

Die Hauptstraße Moskaus ist die Twerskaja-Straße (in der Sowjetzeit Gorki-Straße). Die seit dem 14. Jahrhundert bekannte Straße hat im Laufe des 15. bis 17. Jahrhunderts ihre Bestimmung als eine der hauptsächlichen Radialmagistralen Moskaus dadurch erlangt, da in dieser Zeit die Beziehungen zu den russischen Fürstentümern, die in der nordwestlichen Richtung von der Stadt lagen, eine wichtige Rolle zu spielen begannen. Ein anderer Impuls für die weiterschreitende Entwicklung der Twerskaja-Straße gab einige Jahrhunderte später das Erscheinen der im 18. Jahrhundert neuen, nördlichen Hauptstadt des russischen Staates Sankt Petersburg: auf der Twerskaja-Straße fuhr man nach Petersburg und auf ihr fuhr man in Moskau ein. Wie sich im Laufe der Geschichte das Aussehen der Hauptstraße auch immer änderte, so hat sie doch eine

Gebäude des Zentralen Telegrafs in der Twerskaja-Straße

РАДИО
ТЕЛЕФОН
7
ТВЕРСКАЯ
ЦВЕТЫ РОССИИ
McDonald's

НАЦИОНАЛЬ
NATIONAL

АКТЕР
DAIKIN

Das Moskauer Regierungsgebäude in der Twerskaja-Straße

Eigenschaft – ihr Repräsentatives – stets beibehalten. Sie war breiter als die anderen Straßen, feierlicher und zweifellos belebter. Gerade von der Gorki-Straße aus begann 1935 die Verwirklichung des ersten sowjetischen Generalplans zur Rekonstruktion Moskaus. Zum Ensemble der Twerskaja-Straße gehören mehrere Plätze. Der Puschkin-Platz (ehemaliger Strastnaja-Platz) hat im größten Maße als andere Plätze seine öffentliche Bedeutung beibehalten, obwohl auch er im Laufe der Zeit bedeutende Wandlungen durchgemacht hat.

Die Geschichte noch eines Platzes auf der Twerskaja-Straße ist nicht weniger kompliziert. Er ist Ende des 18. Jahrhunderts entstanden. Das war eine Art Paradeplatz gegenüber dem Haus des Moskauer Gouverneurs. In der zweiten Hälfte der 1930er Jahre, als der Platz erweitert und mit vielstöckigen Häusern bebaut wurde, gewann er einen ganz anderen Anblick, was typisch für jene Zeit ist. Er wurde strenger, offizieller und war auf das Gebäude des Moskauer Stadtsowjets orientiert (heute befindet sich hier die Moskauer Regierung).

Fürst-Dolgoruki-Denkmal. 1954. Bildhauer S. Orlow, A. Antropow, N.Stamm, Architekt W. Andrejew

Twerskaja-Straße

Puschkin-Platz. Puschkin-Denkmal. 1880. Bildhauer Alexander Opekuschin

Christi-Erlöser-Kirche. Interieur

DIE KIRCHEN MOSKAUS

Sie befindet sich im Zentrum der Stadt, unweit vom Kreml, auf dem Hochufer des Moskwa-Flusses, am Kropotkinskaja-Ufer. Die Kirche verkörperte ein für Rußland denkwürdiges Ereignis – den Krieg von 1812 – und sollte einen Widerhall zum Kreml, dem historischen Zentrum Moskaus finden. Als Prototypen der Christi-Erlöser-Kirche in Moskau dienten die Mariä-Entschlafens- und die Erzengel-Kathedrale.

Die Dimensionen der Kathedrale sind immens: Ihre Höhe beträgt 103 Meter, die Fläche 6805 qm, der Durchmesser der Zentralkuppel 25,5 Meter. Die Errichtung des grandiosen Bauwerks, das für 10000 Menschen bestimmt war, dauerte viele Jahrzehnte an. Ihr Grundstein wurde 1839 gelegt. 1880 fand der Bau seinen Abschluß, und 1889 wurde die Kathedrale eingeweiht und eröffnet. Die Kathedrale hatte einen ungewöhnlich reichen Dekor. Ihre Fassaden umfaßte auf dem Portalniveau ein Basreliefgürtel

◀ *Christi-Erlöser-Kirche. Nach dem Entwurf von Konstantin Thon. Wiederhergestellt in den 1990er Jahren*

Kapelle vor der Christi-Erlöser-Kirche

Zahlreiche Moskauer Brände zerstörten erbarmungslos das hölzerne Moskau. In der Chronik des 14.Jahrhunderts sind »sechs große Moskauer Brände« verzeichnet, als fast die ganze Stadt ausbrannte. Brände, die dutzende und hunderte von Häusern in Asche legten, geschahen fast täglich. Moskau zerstörten auch die ausländischen Interventen, deshalb ist nur wenig von den alten baukünstlerischen Denkmälern erhalten geblieben. Umso teuerer ist unserem Herzen das, was zufällig unversehrt geblieben ist und bis auf uns die unwiederholbare Kunst der russischen Meister gebracht hat. Aus Stein gebaut wurden in alten Zeiten vornehmlich die Kirchen. Das schützte sie vor Schwert und Feuer, obwohl aber viele von ihnen in den 1930er bis 1950er Jahren zum Opfer fielen.

In dem alten Moskauer Stadtteil Chamowniki sind mehrere baukünstlerische Denkmäler, darunter auch die Nikolaus-Kirche in Chamowniki, erhalten geblieben. Im 17.Jahrhundert siedelten sich auf den großfürstlichen Wasserwiesen die Hofweber (*Chamowniki*) an, die der Gegend ihren Namen gaben. Gerade die Bewohner der Chamowniki-Vorstadt bauten diese Kirche mit ihren in drei Reihen aufsteigenden kielbogenförmigen Abschlüssen.

mit Darstellungen von mythologischen Szenen und Szenen aus der heiligen Geschichte. An der Ausmalung der Kathedrale beteiligten sich viele namhafte Künstler: Wassili Surikow, Konstantin Makowski, Heinrich Semiradski u.a.

Im Jahre 1931 ist die Kathedrale gesprengt worden, später baute man auf ihrer Stelle das Freiluftbassin »Moskwa«. In den 1990er Jahren erlebte sie ihre Wiedergeburt auf der alten Stelle in ihrem ursprünglichen Anblick unter Verwendung moderner Technologien und Materialien. Im Januar 2000 ist die Kathedrale eingeweiht und für den Gottesdienst geöffnet worden.

Georgs-Kirche auf dem Pskower Berg. 1657

Nikolaus-Kirche in Chamowniki. 1679–1682

Dreieinigkeits-Kirche in Bersenjewo (mit dem Nebenaltar des heiligen Nikolaus des Wundertäters). 1654

Mariä-Schutz-Kirche in Fili. Blick auf die Ikonostasis

Seit 1972 ist die Mariä-Schutzkirche in Fili die Filiale des Zentralen Rubljow-Museums der altrussischen Kultur und Kunst. Die Landsitz-Kirche ist 1693 im Stammsitz des Bojaren L.K.Naryschkin, des Onkels des russischen Kaisers Peters I.,von einem unbekannten Baumeister errichtet worden. Die Mariä-Schutz-Kirche ist eines der prägnantesten Beispiele unter allen Baudenkmälern im »Moskauer Barockstil«. Der feierlich-festliche Dekor ihres Interieurs und der Außengestaltung erweckt höchste Bewunderung. Ihr heller und hoher Innenraum ist üppig angefüllt von der vergoldeten, vielrangigen Holzikonostasis, der über dem Bogeneingang schwebenden Zarenloge, den Hinterglas-Ikonen, den Umrahmungen der Bogeneingänge.

Nahe der Kirche lagen Bojarenwohnhäuser, und ringsum war ein Park mit Teichen und mit erstmalig in Moskau regulären Anpflanzungen angelegt. Der reiche Dekor des Kircheninterieurs entsprach dem Gedanken, den Eindruck einer hellstrahlenden, festlichen Pracht zu schaffen. Der Inspirator und ausübende Künstler der ganzen Ikonenmalerei, der Schnitz- und Vergoldungsarbeiten war einer der besten Meister der Zaren-Rüstkammer und Leiter der Künstlerwerkstatt des Botschafteramts Karp Solotarjow.

Mariä-Schutz-Kirche in Fili. 1693

Epiphanie-Kirche in Jelochowo. 1837–1845. Architekt Jewgraf Tjurin

DAS »STILLE« MOSKAU

Zum Glück sind im heutigen Moskau die Denkmäler der Wohnarchitektur, die nach dem Moskauer Brand von 1812 aufgebaut worden sind, erhalten geblieben. Dazu gehören nicht nur unikale Bauten, sondern auch Gebäude, die gemäß den Musterentwürfen jener Jahre gebaut oder ihnen sehr nächstliegend in ihren Formen sind. So möchte man sich jenes ruhige, patriarchalische Leben vorstellen, das in diesen kleinen, über ganz Moskau zerstreuten Häusern vor sich ging. Die Moskauer Villen sind besonders eigenständig sowohl in baukünstlerischer Hinsicht wie auch in ihrem Hauswesen. Bei ihrer Betrachtung kommen einem unwillkürlich die Worte des namhaften russischen Kritikers Wissarion Belinski in den Sinn: »Für den in Petersburg geborenen russischen Menschen ist Moskau genauso wunderschön wie für den Ausländer.«

Schaljapin-Hausmuseum. Villa aus dem Ende des 18.Jh.

Ein Eckchen des »stillen« Moskaus

Die berühmtesten Baumeister von Wohnhäusern und Villen waren zu jener Zeit Ossip Beauvais, Domenico Gilardi und Afanassi Grigorjew.

In Moskau sind im Unterschied zu Petersburg wenige Gebäude im Barockstil geblieben. Zu ihrer Zahl gehört die Stadtvilla des M. Apraksin-Trubezkich, deren Hauptbau ein bemerkenswertes, sehr ungewöhnliches Baudenkmal im Spätbarock vorstellt. Ihr reicher Dekor erinnert an berühmte Schloßbauten jener Zeit, so daß man sie in der Vergangenheit sogar mit dem Namen Rastrellis in Verbindung brachte. In der Epoche des Klassizismus brachte das ungewöhnliche Aussehen des Gebäudes ihm den ironischen Beinamen »Kommode« ein.

Ende des 19.Jahrhunderts erschienen im Zentrum Moskaus vielstöckige Mietshäuser. Zu einem

Erhalten blieb das hölzerne Schnitzwerk an der Außentür, den Treppengeländern und Wohnungstüren und sogar des Kleiderständers im Aufgang. Besonders interessant war die Wohnung der Eigentümer mit ihren Prunkräumen, die durchweg mit hölzernem Schnitzwerk und Wandmalereien bedeckt waren.

Das Gebäude der Leihkasse ist ein Beispiel für die neorussische Richtung in der Architektur des Moskauer Zentrums. Sehr expressiv ist der Vorderbau, dessen geschäftliches Repräsentative mit dem Plastischen der Wohnhäuser aus dem 17.Jahrhundert harmonisch in Einklang steht.

Perzowa-Mietshaus. 1906–1910. Architekt Nikolai Shukow, Künstler Sergej Maljutin

Stadtvilla des 19.Jh.

Apraksin-Trubezkich-Haus. 1760

Gebäude der ehemaligen Leihkasse. 1913–1916. Architekten Wladimir Pokrowski und Bogdan Nilus

Nikolskaja-Straße. Gebäude der ehemaligen Synodalen Druckerei. 1814. Architekt Iwan Mironowski ▶

dieser Häuser gehört das Haus der Sinaida Perzowa. Seine Architektur ist ein prägnantes Beispiel für den Jugendstil. Es ist einer der schönsten und effektvollsten Moskauer Bauten. Bemerkenswert ist der Fassadendekor, in den polychrome Majolika und Plastik einbezogen sind. Diese entstanden nach den Entwürfen des Künstlers Sergej Maljutin, der viel für die Entwicklung der russischen dekorativen Kunst getan hat.

Villa Rjabuschinski. 1900. Architekt Fjodor Schechtel

VILLA RJABUSCHINSKI

Ein besonderes Interesse erwecken die Baudenkmäler im Jugendstil, die sich in den ersten Jahren des 20.Jahrhunderts in der Stadt verbreiteten. Der Jugendstil kennzeichnete die Suche nach neuen Formen in der Baukunst. Anders wurden die Konstruktionen, das Baumaterial und die funktionellen Lösungen der Gebäude. Die Meister des Jugendstils verloren nicht das Interesse an den verschiedenen historischen Prototypen, die typisch für die Baukunst Ende des 19.Jahrhunderts waren, sondern nahmen sie in ein bereits anderes künstlerisches System auf, das auf dem Malerischen, dem Kontrast zwischen dem Rationalen und dem dekorativ Freien beruhte. In der erlesenen, in diesem Stil gehaltenen Harmonie der Bauten, in ihrer musikalisch feinen Gestaltung erklang gewissermaßen die »Melodie der Zeiten«.

Bedeutend in der Baukunst des Moskauer Jugendstils sind die Gebäude von Fjodor Schechtel. In der Villa des S. Rjabuschinski (heute Gorki-Museum) ist das für die im Jugendstil gehaltenen Wohnhäuser typische Bauprinzip des Gebäudes »von innen nach außen« folgerichtig eingehalten – vom Innenkern zu den angrenzenden Volumina. Alle Räume sind um die Paradetreppe gruppiert, die frei und schwebend nach oben führt und von einem herrlichen, sich windenden und fließenden monumentalen Geländer begrenzt ist. Von außen überrascht die Villa Rjabuschinski durch die betont geometrischen Volumina, die einfache und klare Silhouette und die unregelmäßigen, irgendwie organischen Dekorformen.

Villa Rjabuschinski. Paradetreppe

DIE PETER-BURG

Das Bauwerk war als Schloß gedacht, verdiente aber mehr den Namen Burg, der sich dann auch einbürgerte. Die Wirtschaftsbauten und die Umgrenzung mit großen kannelierten, vielstöckigen Türmen, mit runden Türmchen, mit Zinnen über dem Gesims, die den ganzen Komplex umgürten, sehen wie phantastische Mauern einer mittelalterlichen Festung aus. Das Hauptgebäude ist noch ungewöhnlicher. Das Untergeschoß mit seinen spitzbogigen Fenstern wird von einer untersetzten Kolonnade geschmückt, die an riesige Birnen erinnern. Die Mansarde trägt ein kompliziertes Dach mit zahlreichen großen und kleinen Frontonen, die barocken gleichen. Gekrönt wird das Bauwerk von einer Kuppel auf hoher Trommel. Fenster mit üppigen Abschlüssen durchschneiden die Kuppel, die im ganzen gesehen wie ein gigantischer und prächtiger Pokal aussieht, der den Tisch der alten russischen Zaren während eines Gelages geschmückt haben könnte.

Diese Arbeit von Matwej Kasakow legte den Anfang zur »russischen« Richtung in der Neogotik, die typisch gerade für Moskau ist. Diese Richtung erschien in zahlreichen Entwürfen, die für den Bau im Kreml ausgeführt worden waren. Im »gotischen Geschmack« war der Abschluß des Nikolaus-Turms, das Gebäude der Synodalen Setzerei in der Nikolskaja-Straße u.a. geschaffen worden.

Reiseschloß Peters I. (Peter-Burg). 1776–1796. Architekt Matwej Kasakow

DAS NEUJUNGFRAUEN-KLOSTER

Das Kloster ist seit 1934 die Filiale des Staatlichen Historischen Museums. Es ist eines der schönsten baukünstlerischen Klosterensembles Moskaus, das 1524 auf Geheiß des Fürsten Wassili III. zum Gedenken an den Sieg des russischen Heeres im Kampf gegen den polnisch-litauischen Staat um die Grenzgebiete und die Heimkehr der Stadt Smolensk in das russische Reich errichtet worden ist. Das nahe am Südweg nach Moskau gelegene Kloster erfüllte wiederholt die Funktion eines Vorpostens. Es erfreute sich der Gunst und des Schutzes der Zaren und Bojaren, da die Nonnen dort Vertreterinnen der Zarenfamilie und der Familien des hohen Feudaladels waren. Die alte Klosterkirche war der byzantinischen Gottesmutter von Smolensk geweiht, die als Heiligtum des Smolensker Fürstentums galt.

Panorama des Neujungfrauen-Klosters von der Teichseite

Kathedrale der Gottesmutter von Smolensk; 1524–1525; Glockenturm, 1689–1690

Kathedrale der Gottesmutter von Smolensk. Blick auf die Ikonostasis

Panorama des Erlöser-Andronikow-Klosters von der Seite des Jausa-Flusses

Ikone *Der heilige Georg mit Vita und Wundertaten.* Anfang 16.Jh.

DAS ERLÖSER-ANDRONIKOW-KLOSTER

Auf dem Hochufer des zweitgrößten Moskauer Flusses, des Jausa-Flusses, an seiner Mündung in den Nebenfluß Solotoj Roshok, erheben sich die weißen Mauern eines der ältesten Moskauer Klöster – des Erlöser-Andronikow-Klosters. Gegründet wurde es Mitte des 14.Jahrhunderts auf Gelübde des Metropoliten Alexej, für seine wunderbare Rettung auf dem Meer während eines Sturms.

Das Ensemble hat sich im Laufe mehrerer Jahrhunderte herausgebildet. Zu ihm gehören die Erlöser-Kathedrale (1410–1427), das Kloster-Refektorium (1504 bis 1506), die Refektoriums-Kirche des Erzengels Michail (1691 bis 1729), die Mauern und Türme (17. bis 18.Jh.), die Klosterbrüder-Zellen und der Klostergasthof (18. bis 19. Jh.).

Weit bekannt wurde jedoch das Kloster durch das regsame Leben des hier wirkenden großen Ikonenmalers Andrej Rubljow, der hier auch um 1430 gestorben und an der Mauer des Erlöser-Klosters begraben ist. Im Jahre 1947 wurde auf dem Klosterterritorium das Andrej-Rubljow-Museum der altrussischen Kultur und Kunst eingerichtet.

Erlöser-Kathedrale. 1410–1427

◀ *Panorama des Stadtteils Samoskworetschje*

Die Staatliche Tretjakow-Galerie. 1902–1904.
Nach dem Entwurf von Viktor Wasnezow

DIE STAATLICHE TRETJAKOW-GALERIE

Andrej Rubljow.
Ikone *Dreifaltigkeit.* 1410er Jahre

Die Tretjakow-Galerie ist eines der bekanntesten Kunstmuseen der Welt. Ihre Sammlung umfaßt die ganze tausendjährige Entwicklungsgeschichte der russischen Kultur.

Die Galerie hat der Moskauer Kaufmann und Industrielle Pawel Tretjakow, ein großer Kunstkenner und bekannter Mäzen, gegründet. In seinem Testament schrieb er: »Mein Wunsch ist es, eine Nationalgalerie zusammenzustellen, d.h. eine Galerie aus Gemälden russischer Künstler.« Sein ganzes Leben lang arbeitete Tretjakow an der Herausbildung der Kollektion. Jährlich bekam die Galerie Kunstwerke, die unmittelbar bei den Künstlern in ihren Ateliers oder auf Ausstellungen von ihm erworben wurden und die er seiner Ansicht nach für die besten hielt. Die für uns alle gewohnte schöne Galeriefassade ist 1901–1903, bereits nach dem Tode des Eigentümers geschaffen worden.

Seit 1881, noch zu Lebzeiten Tretjakows, ist die bereits in Moskau bekannte Galerie für die Besucher geöffnet worden. 1892, einige Jahre vor seinem Tode, schenkte er der Stadt Moskau seine ganze Kollektion.

Heute umfaßt die Sammlung mehr als 100 000 Werke und besteht aus den Abteilungen: Altrussische Kunst des 12. bis 17.Jh., Malerei, Graphik und Bildhauerei des 18. bis Anfang 20.Jh., Bildende Kunst des 20.Jh.

Iwan Schischkin. Ein Morgen im Kiefernwald. 1889

Viktor Wasnezow. Recken. 1898

Wassili Surikow. Die Bojarin Morosowa. 1887

◀ *Karl Brüllow. Reiterin. 1832*

Wassili Perow. Rastende Jäger. 1871

DIE MOSKAUER HOCHHÄUSER

Im Laufe der zweiten Hälfte der 1930er bis Mitte der 1950er Jahre ist in Moskau eine große Zahl von Gebäuden errichtet worden, die zweifellos künstlerischen Wert haben. In jenen Jahren erstrebte man die Schaffung von hauptstädtischen Ensembles, die von gehobener und triumphierender Stimmung umweht waren und denen man betont majestätische, üppige Formen gab. Zu solchen Ensembles, die im vollen Maße die Ideale ihrer Epoche widerspiegeln, wurden die Bebauung der Gorki-Straße (heute Twerskaja-Straße) und ein Teil des Kutusow-Prospektes, den man bis zur Mitte der 1950er zu rekonstruieren schaffte.

Kinotheater »Udarnik«. 1921–1931. Architekten B. Iofann und D. Iofann

Wohnhaus für die Mitarbeiter des Zentralen Exekutivkomitees und des Rates der Volkskommissare am Bersenjewskij Ufer (das »Haus am Ufer«). 1928–1931 Architekten B. Iofann und D. Iofann

Verwaltungsgebäude und Wohnhaus auf dem Lermontow-Platz. 1949–1953. Architekten A. Duschkin und B. Mesenzew

Bedeutende, ganz Moskau erfassende Komplexe sind zweifellos die Hochhäuser, die zur 800.Jahrfeier der Stadt errichtet worden sind, und die in den gleichen Jahren erbauten Metrostationen. Die Gebäude der Moskauer Universität, des Außenministeriums, des Ministeriums für Verkehrswesen, die Wohnhäuser am Kotelnitscheskaja-Ufer, auf dem Platz des Aufstandes und andere dienten als kompositorische Zentren vieler Bezirke der Hauptstadt und vereinten sich gleichzeitig in einer grandiosen Idee miteinander.

◀ *Gebäude des Außen-ministeriums auf dem Smolensker Platz. 1948–1953. Architekten W. Helfreich und M. Minkus*

Hauptgebäude der Staatlichen Moskauer Universität auf den Worobjow-Bergen. 1949–1953. Architekten L. Rudnjew, P. Abrossimow und A. Chrjakow

Zentraler Sportkomplex in Lushniki. 1955–1956, 1979–1980, Architekten A. Wlassow, I. Roshin und N. Ullas

Krim-Brücke. 1938, Ingenieur B. Konstantinow, Architekt A. Wlassow. Die Brücke ist eine der größten Kettenbrücken in Europa

Der heutige Ausstellungskomplex entstand auf der Basis der ehemaligen Ausstellung der Errungenschaften der Volkswirtschaft, die 1959 eröffnet worden ist. Die Ausstellungspavillons sind typische Denkmäler der sowjetischen Architektur aus den 1930er bis 1950er Jahren. An der Gestaltung des Ausstellungskomplexes beteiligten sich führende Architekten jener Zeit, wie W. Stschuko, W. Helfreich u.a. Auf der Hauptallee befinden sich zwei Springbrunnen – »Völkerfreundschaft« und »Steinerne Blume«. Vor dem Haupttor ist die Skulpturengruppe »Arbeiter und Kolchosbäuerin« der Bildhauerin Vera Muchina aufgestellt. Dieses Monument schmückte 1937 den sowjetischen Pavillon auf der Weltausstellung in Paris.

Haupteingang in den Ausstellungskomplex

Hauptallee mit dem Springbrunnen »Steinerne Blume«

Springbrunnen »Völkerfreundschaft«. 1953.
Architekt K. Topuridse, Bildhauer D. Konstantinowski

Zentralpavillon des Ausstellungskomplexes. 1954.
Architekt W. Stschuko ▶

ЭНЕРГИЯ

СССР

Regierungsgebäude der Russischen Föderation am Krasnopresnenkaja -Ufer. 1981.
Architekt D. Tschetschulin

NEUER ARBAT. DAS WEISSE HAUS

Der neue Teil des Kalinin-Prospekts (des Neuen Arbats, wie man ihn ursprünglich nannte) zwischen dem Arbat-Platz und dem Gartenring ist zur Sehenswürdigkeit des heutigen Moskaus geworden. Einer Gruppe von Architekten, die ein Bauprojekt für den Kalinin-Prospekt entworfen hatten, wurde 1966 vom Pariser Zentrum für Architekturforschung der Grand Prix für die Neuerung von architektonischen Formen und für den Erfolg bei der Ausarbeitung perspektivischer Baupläne verliehen. Der äußerst moderne Stil dieser Magistrale ist auf geometrisch regelmäßigen Linien, auf einer klar gezeichneten Wiederkehr und scharfem Kontrast der Formen aufgebaut. Die deutlichen Vertikale der 26stöckigen Bauten mit Türmen wechseln rhythmisch mit gestreckten rechteckigen Volumina verschiedener Bestimmung, in denen Cafés, Bars, Restaurants (darunter »Tropikana« und »Meteliza«), Läden (eines der größten Lebensmittelläden der Hauptstadt ist der »Nowo-Arbatskaja-Laden«) untergebracht sind.

Am Kransopresnenskaja-Ufer erhebt sich ein helles 20stöckiges Gebäude, das den Namen Weißes Haus bekam. Hier befindet sich die russische Regierung. Das Besondere an diesem Bauwerk ist seine scheinbare Aufgliederung in zwei Teile. Auf dem siebenstöckigen unteren Teil mit Seitenflügeln ruht ein schmaler, hoher Baukörper mit einem Uhrtürmchen, das eine leichte Fahnenstange mit der Flagge der Russischen Föderation trägt. Eine breite Treppe führt zum Haupteingang, dem ein weiter Vorplatz vorgelagert ist.

Arbat-Platz. Restaurant »Prag«. 1955 rekonstruiert. Architekt B.Sobolewski

Neuer Arbat (Kalinin-Prospekt). 1963–1968. Architekten M. Posochin, A. Mndojanz, G. Makarewitsch, B. Tchor, Sch. Airapetow, I. Pokrowski. J. Popow und A. Saizew

Die Gedenkstätte auf dem Poklonnaja-Berg ist anläßlich der 50.Wiederkehr des Sieges des sowjetischen Volkes im zweiten Weltkrieg eröffnet worden. Zum Komplex gehören ein Museum, in dem Exponate von den Ereignissen der Jahre 1941–1945 berichten, der Sieges-Platz mit der allegorischen Figur der Siegesgöttin Nike, die Allee »Kriegsjahre« und die rechtgläubige Kirche Georgs des Siegers mit einem großen bronzenen Basrelief sowie eine Synagoge und eine moslemische Moschee.

An der Schaffung dieser Gedenkstätte wirkten die Architekten A.Poljanski, W.Budajew, L.Wawakin, der Bildhauer S. Zereteli u.a.

◀ *Denkmal für Peter I. 1997. Bildhauer S.Zereteli*

Gedenkstätte anläßlich des Sieges im Großen Vaterländischen Krieg 1941–1945 auf dem Poklonnaja-Berg. 1983–1995. Architekten A.Poljanski, W.Budajew und L.Wawakin, Bildhauer S.Zereteli

Blick auf das Rauschskaja-Ufer und das Hotel »Baltschug« (links)

Hotel »Kosmos«. 1976–1979. Architekten T. Saikin, W. Steiskal, O.Kakub, P.Shjuglo und S.Epstein. Generalauftragnehmer französische Firma

DIE HOTELS

Moskau ist ein Touristen- und Geschäftszentrum im Weltmaßstab. In den letzten Jahren sind hier viele komfortable Hotels entstanden, die dem erlesensten Geschmack der Gäste Moskaus gerecht werden können.

Das Hotel »Kosmos« (3600 Plätze) gehört zu den Hotels der ersten internationalen Klasse. Es liegt gegenüber der Metro-

Hotel »Renaissance« (»Olimpic Penta Hotel«) und »Ukraina«, die zu den vornehmsten Hotels der Hauptstadt gehören

station »WDNCH«(abgekürzt für »Ausstellung der Errungenschaften der Volkswirtschaft«) auf dem Mira-Prospekt und ist nach dem Entwurf sowjetischer und französischer Architekten und Ingenieure von französischen Baufirmen verwirklicht worden. Der hohe Teil des Hotels – ein 27stöckiger Halbzylinder – bildet mit seiner konkaven Fassade eine mächtige Achse, die zum Ausstellungskomplex »Errungenschaften der Volkswirtschaft« zugewendet ist. Ungewöhnlich effektvoll sind die Fassaden: Das Zusammenspiel der anodierten Aluminiumwände mit dem dunklen Fensterglas bringt ein rauchgoldenes Farbgamma hervor. Die Bau- und Austattungsarbeiten sind gesamt gesehen von höchster Qualität. Das Hotel hat einen erstklassig eingerichteten Konferenzsaal, einen transformierbaren Bankettsaal, Restaurants und Cafés, Büfetts, ein Schwimmbassin, finnische Saunabäder und eine Kegelbahn.

Das Hotel »Baltschug« im Stadtteil Samoskworetschje hat sich im Zuge einer Rekonstruktion in ein Hotel von hoher europäischer Klasse verwandelt. Das Spektrum von Dienstleistungen und das Komfortniveau, das hier angeboten wird, stellt das Hotel in eine Reihe mit den bekanntesten Grand Hotels in der Welt.

Die Hotels »Renaissance« (»Olimpic Penta Hotel«) und das »President-Hotel« (ehemaliges Hotel »Oktjabrskaja«) gehören ebenfalls zur Zahl der Luxus-Hotels in Moskau.

DIE MOSKAUER METRO

Eine der Hauptsehenswürdigkeiten der Stadt bilden die Stationen der Moskauer Metro – die »unterirdischen Schlösser Moskaus«. Diese Benennung ist durchaus gerechtfertigt, denn bei ihrem Bau wurden mehr als zwanzig Marmorarten aus verschiedenen Vorkommen des Urals, Altais, aus Mittelasien, des Kaukasus, der Ukraine sowie Labrador, Granit, Porphyr, Rodonit, Onyx und andere Gesteinsarten verwendet. Die Metrostationen werden von Statuen, Reliefs und monumentalen Kompositionen (Malerei, Mosaik, Glasbildern und Wandmalereien), geschaffen von führenden Künstlern des Landes, geschmückt. Das alles erweckt eine feierliche, gehobene Stimmung und erinnert in seiner Pracht an herrliche Schloßinterieurs.

An der Projektierung der Metrostationen beteiligten sich namhafte sowjetische Architekten. Als eine der schönsten Stationen gilt die Station »Majakowskaja«, die 1938 in Gang gesetzt wurde. Die Stützen ihres Untergrund-Saals sind in Form von Metallsäulen angefertigt, die mit Granit und rostfreiem Stahl verkleidet sind. Die Mosaikpanneaus in den Kuppeln entstanden nach den Entwürfen des Künstlers Alexander Deineka. Im Jahre 1937 ist die erste, tief unter der Erde angelegte Säulenstation »Majakowskaja« auf der internationalen Pariser Ausstellung mit dem Grand Prix ausgezeichnet worden, und auf der gleichen Ausstellung bekamen die ersten Stationen der Moskauer Metro eine Prämie für die unterirdische Urbanistik.

Die Stationen »Majakowskaja«, »Kropotkinskaja«, »Swerdlow-Platz«, »Prospekt Mira«, »Kurskaja-Radialnaja« gehören zu den interessantesten baukünstlerischen Denkmälern der 1930er bis 1950er Jahre. Einige von ihnen stehen heute bereits unter offiziellem staatlichen Schutz.

Untergrund-Vestibül der Metrostation »Kiewskaja-Kolzewaja«. 1954. Architekten J. Katonin, W. Skugarew und G. Golubew

Untergrund-Vestibül der Metrostation »Majakowskaja«. 1938. Architekt A. Duschkin

Untergrund-Vestibül der Metrostation »Komsomolskaja-Kolzewaja«. 1952. Architekten A. Stschussew, W. Kakorin und A. Sabolozkaja

Die erste Metro-Strecke ist am 15.Mai 1935 für die Passagiere eröffnet worden.

Die in unserer Zeit gebauten neuen Metrostationen sind einfacher und strenger in ihrer Gestaltung. Schemen, die in allen oberen Metro-Vestibüls ausgehängt sind, automatische Auskunft-Einrichtungen sowie beleuchtete Anzeiger am Eingang zur Rolltreppe verhelfen zur Orientierung in der Moskauer Metro.

Untergrund-Vestibül der Metrostation »Arbatskaja«. 1953. Architekten L. Poljakow und W.Pilewin

Untergrund-Vestibül der Metrostation »Taganskaja-Kolzewaja«. 1950. Architekten K. Ryshow und A. Medwedjew

Untergrund-Vestibül der Metrostation »Platz der Revolution«. 1938. Architekt A. Duschkin

Nördlicher Fluß-Bahnhof in Chimki. 1937. Architekten A. Ruchljadew und W. Krinski, Bildhauer I. Jefimow

BAHNHÖFE

Das Gebäude des Nördlichen Fluß-Bahnhofs ist eine Sehenswürdigkeit Moskaus. Es sieht wie ein Dampfer aus. Das erste Geschoß ist von einer Rundgalerie umgürtet, dessen Außengewölbe von 150 Weißsteinsäulen getragen wird. Den Turm im Zentrum krönt eine Spitze, die an eine Kapitänbrücke erinnert. Vom Hauptportal des Nördlichen Fluß-Bahnhofs führt eine breite Granittreppe zur Hauptanlegestelle herab.

Der heutige Leningrader Bahnhof ist ein »Zwillingsbruder« des Moskauer Bahnhofs in Sankt Petersburg. Sein Gebäude fügt sich organisch in den Komsomolskaja-Platz ein. Der Bahnhof verbindet die Hauptstadt mit Sankt Petersburg, Petrosawodsk und Murmansk. Von seinen Bahnsteigen fahren die Züge in die

finnische Hauptstadt Helsinki. Zwischen Moskau und Sankt Petersburg verkehren die Schnellzüge »Krasnaja Strela« (Roter Pfeil), »Aurora«, »Russkaja Troika« (Russische Troika) u.a.

Der Flughafen »Scheremetjewo-2« – das Lufttor-Moskaus – ist 1965 als internationaler Flughafen in Betrieb genommen worden.

Leningrader Bahnhof (ehemaliger Nikolaus-Bahnhof) auf dem Komsomolskaja-Platz. 1849. Architekt Konstantin Thon

Flughafen »Scheremetjewo-2«. 1979. Architekten G. Jelkin, G. Krjukow und M. Tschessakowa, Ingenieure N. Irmes, W. Aksjonow und A. Prizker

KOLOMENSKOJE

Baugeschichtliches, Kunst- und Landschafts-Museumsreservat. Besondere Bedeutung hat Kolomenskoje im 16.Jahrhundert unter Iwan dem Schrecklichen und im 17.Jahrhundert unter dem Zaren Alexej Michailowitsch erlangt. Im Mittelpunkt der Landsitzbauten steht die Christi-Himmelfahrts-Kirche. Im 16.Jahrhundert diente sie für die Zarenfamilie als sommerliche Hauskirche. Sie ist zu Ehren eines besonderen Ereignisses – der Geburt des lang ersehnten russischen Thronfolgers, des künftigen Zaren Iwan IV. des Schrecklichen – erbaut worden. Ihre Höhe beträgt 62 Meter.

Kolomenskoje. Christi-Himmelfahrts-Kirche. 1532

Kolomenskoje. Kirche der Gottesmutter von Kasan. 1649–1650

Folklorefest in Kolomenskoje

Schloß. 1769–1775. Architekt Karl Blank u. a.

KUSKOWO

Erstmalig wird Kuskwo als Moskauer Vororts-Landsitz des Bojaren W. Scheremetjew Anfang des 16.Jahrhunderts erwähnt. Im Jahre 1918, im Zuge der Nationalisierung des Privatbesitzes, ist der Landsitz an den sowjetischen Staat übergegangen. 1960 ging das Territorium Kuskowos in den südöstlichen Teil Moskaus über.

Pavillon Grotte. 1756–1775. Architekt Fjodor Argunow

Das berühmte Schloß- und Parkensemble hat sich in der zweiten Hälfte des 18.Jahrhunderts herausgebildet, als der Landsitz Pjotr Scheretmetjew, dem höchsten Würdenträger des russischen Kaiserhofes, dem Staatsmann und Kollektionär von altertümlichen Denkmälern und Kunstwerken, gehörte. Das sommerliche Lustschloß war für den Grafen nicht nur eine Stätte von Amüsements, sondern auch der Sammelort verschiedener Kunstarten, die auf die Kenner des Schönen berechnet waren. Hier brachte er einen großen Teil seiner immensen Kollektion an bildender und angewandter Kunst unter. Der reguläre, der sogenannte französische Park, ist zwischen den 1750er und 1760er Jahren angelegt worden. Hier waren die Hauptpavillons, die Orangerie und die Kollektion an Marmorskulptur konzentriert.

Den Landsitz Kuskowo besuchte wiederholt Katharina II. Zu den üppigen Festlichkeiten kamen bis zu 25000 Gäste, außerdem war der Park in den Sommermonaten für die Spaziergänge des breiten Publikums geöffnet.

Im Jahre 1932 ist das Porzellan-Museum nach Kuskowo überführt worden. Heute ist es ein einmaliger Keramikfonds, in dem die Keramik aller Länder der Welt vom 15. bis 20.Jahrhundert in einer Zahl von 18000 Gegenständen vorgestellt ist.

Parkwinkel

◀ *Schloß. Zweites Vorzimmer*

Schloßtheater. 1792–1798. Architekten Francesco Camporesi, A. Mironow, Pawel Argunow u.a.

OSTANKINO

Das Schloßtheater Ostankino ist bereits vor zwei Jahrhunderten weltbekannt geworden. Die Idee der Schaffung eines Tempels der Kunst verkörperte Scheremetjew im Landsitz Ostankino. Das Ostankinsche Theater hat eine Maschinerie-Abteilung zum Hervorbringen von komplizierten Sondereffekten, und die Bühnenfläche und der Zuschauerraum können sich in gegebendem Fall in einen Tanzsaal verwandeln. Eine speziell ausgebildete Truppe von leibeigenen Schauspielern führte die besten Opern westeuropäischer und russischer Komponisten auf. Das Repertoire umfaßte etwa hundert Opern. In dieser Truppe trat auch die beim Publikum beliebte, reizende Praskowja Kowaljowa-Shemtschugowa auf, eine leibeigene Schauspielerin, die der Graf allen damaligen sozialen Gesetzen zum Trotz ehelichte. In allen Räumen des Schlosses befanden sich Familienkollektionen an Malerei, Skulptur, Waffen, Porzellan. Zur Gemäldegalerie gehörten Bilder von Tizian, Rubens, van Dyck, die jedoch leider 1812 von den napoleonischen Soldaten geraubt worden sind.

Schloß. Theater.
Blick auf den Zuschauersaal

Schloß. Westliche Zimmerflucht im zweiten Stoc

ZARIZYNO

Baugeschichtliches, Kunst- und Landschafts-Museumsreservat. Das malerische Schloß- und Parkensemble des Zarenlandsitzes Zarizyno liegt am südöstlichen Rand von Moskau. Es hat sich in der zweiten Hälfte des 18.Jahrhunderts herausgebildet. Im Jahre 1775 hat diese Gegend die Kaiserin Katharina II. für den Bau einer Residenz erworben, und seit dieser Zeit trägt der Landsitz den Namen Zarizyno.

Mit der Projektierung des Ensembles wurde der größte russische Architekt Wassili Bashenow betraut. Die Schaffungsidee zu diesem romantischen Landsitz verkörperte der Architekt streng nach den Gesetzen des Klassizismus. Gleichzeitig jedoch verwendete er typische Formen der altrussischen Baukunst, stilisierte und variierte sie und

Die Große Brücke über der Schlucht von der Teichseite. 1776–1785. Architekt Wassili Bashenow

gab der Architektur und dem sie umgebenden Naturmilieu einen neuen Klang. Die Zeitgenossen begeisterten sich an der Schöpfung des großen Meisters. Doch das tragische Schicksal, das den Landsitz ereilte, prägte das Schicksal seiner ganzen zweihundertjährigen Geschichte. Katharina II. gefiel das Schloß nicht, und auf ihren Erlaß wurde es bis auf den Grund abgerissen. Die heutigen Forscher sind der Ansicht, daß die kaiserliche Ungnade mit der Nähe Bashenows zu den Freigeistern und zur freimaurerischen Umgebung des Thronfolgers Paul verbunden war.

1927 ist hier das Zaryzino-Museum eröffnet worden.

Lakaien-Haus. 1776–1785. Architekt Wassili Bashenow

Blick auf das Große Schloß

Brücke über dem Weg aus Moskau. 1776–1785. Architekt Wassili Bashenow

Das Dreieinigkeits-Sergius-Kloster

Das berühmte, bis jetzt geöffnete Kloster befindet sich unweit von Moskau auf dem Weg nach Jaroslawl. Seine Geschichte geht auf eine kleine Holzkirche zurück, die der heilige Sergius, der in der unweit gelegenen kleinen Stadt Radonesh beheimatet war, 1354 eigenhändig in der Einöde errichtet hatte. Die geistige Authorität des Sergius war so hoch, daß der Fürst Dmitri Donskoi zu ihm kam und seinen Segen für die Schlacht gegen die Tataren einholte.

Das majestätische Ensemble des Dreieinigkeits-Klosters hat sich im Laufe von sechs Jahrhunderten herausgebildet. Das bis auf uns gekommene älteste Bauwerk des Klosters ist die Dreieinigkeits-Kathedrale, die 1422 zu Ehren der hohen Verdienste des Sergius Radonesh vor dem Staat errichtet wurde. Hier, am Grabe des Sergius, besiegelten die Moskauer Fürsten mit Kreuzkuß die Verträge und Bündnisse, beteten vor und nach ihren Feldzügen.

◀ *Panorama des Dreieinigkeits-Sergius-Klosters von Südosten*

Pjatnizkaja-Turm. 1640

Krasnogorskaja-Kapelle. 1760

Das berühmte, bis jetzt geöffnete Kloster befindet sich unweit von Moskau auf dem Weg nach Jaroslawl. Seine Geschichte geht auf eine kleine Holzkirche zurück, die der heilige Sergius 1354 eigenhändig in der Einöde errichtet hatte.

Das bis auf uns gekommene älteste Bauwerk des Klosters ist die Dreieinigkeits-Kathedrale, die 1422 zu Ehren der hohen Verdienste des Sergius Radonesh vor dem Staat errichtet wurde. Hier, am Grabe des Sergius, besiegelten die Moskauer Fürsten mit Kreuzkuß die Verträge und Bündnisse, beteten vor und nach ihren Feldzügen.

Innen ist die Dreieinigkeits-Kathedrale von Andrej Rubljow und Daniil Tschorny, den großen Meistern des 16.Jahrhunderts, ausgemalt worden. Leider wurden 1635 ihre Wandmalereien von neuen ersetzt, die ihrerseits wiederholt der Ummalung unterlagen. In der Kathedrale befindet sich der silberne Sarg mit den Reliquien des heiligen Sergius aus dem 16.Jahrhundert. Der Dreieinigkeits-Kathedrale gegenüber steht die Kirche Ausgießung des Heiligen Geistes über die Apostel, die oft auch Heiliggeist-Kirche genannt wird. Erbaut wurde sie 1476 von Pskower

Mariä-Entschlafens-Kathedrale. 1559–1585.
Dazugebaute Kapelle. Ende 17.Jh.

Baumeistern. Die Dominante des Klosters bildet die Mariä-Entschlafens-Kathedrale (1559–1585). Sie ist nach dem Prototyp der gleichnamigen Moskauer Kremlkathedrale errichtet worden. An ihrer Nordwestecke befindet sich die Grablege des Boris Godunow und seiner Familie.

Das schönste Bauwerk in diesem Ensemble ist zweifellos das Refektorium mit der Kirche des heiligen Sergius (1686–1692). Unter den Klosterbauten des 18. Jahrhunderts ist in erster Linie der kolossale fünfstöckige Glockenturm zu nennen, der zur Hauptdominante des Ensembles geworden ist.

Glockenturm. 1740–1770. Architekten Iwan Mitschurin und Dmitri Uchtomski

Dreieinigkeits-Kathedrale. 1422

Heiliggeist-Kirche. 1476

Dreieinigkeits-Kathedrale. Blick auf die Ikonostasis und den Reliquiensarg des Sergius von Radonesh ▶

Festtag im Dreieinigkeits-Sergius-Kloster

Torkirche Johannes' des Vorläufers. 1699

Moskau

Kunstverlag »P-2«, St.Petersburg
Kunstverlag »Amarant«, Moskau

Printed and bound by the Ivan Fiodorov Printing Company, St Petersburg (1550)